Dagmar Nick
Liebesgedichte

Lyrik-Taschenbuch Nr. 23
Hrsg. von B. Albers

Dagmar Nick

Liebesgedichte

Rimbaud

Praeludium

Gewißheit

Unverlierbar die Stunde,
der wir uns immer erinnern,
die Gewißheit, sterblich zu sein
nach der Liebe Gesetz,
verwundet
einer am andern –
unverlierbar die Stille,
in der wir Meineide schwören
und einsam sind
nebeneinander, während wir
schon mit den Zehenspitzen
die Falltür berühren,
die uns verschlingt –
unverlierbar die Chiffren
unter dem Himmel, den wir
eine Nacht lang bewahren,
die Gewißheit, sterblich zu sein
nach der Liebe Gesetz.

Psalm

In den Ellipsen des Mondes
bin ich gefangen;
er hat meine Schultern
umsponnen mit Eisfiligran
und wirbelt mich
unter die Lider des Himmels.
Hebe sie auf:
es ist silbrige Schwärze dahinter.
Hier will ich warten auf dich.
Alle Wege sind wundgerissen
vom Winter
und die Brücken gesprengt.
Suche mich.
Folge mir nach durch den Tierkreis.
Unter dem Sternbild der Liebe
wirst du mich finden.

1959

Dieses Herz

Mein hastiges Herz, aufzuwiegen
mit einer Schwalbenfeder,
ich überlaß es dem Wind,
vielleicht, daß eine Cirruswolke
es zu dir trägt.
Die Rauchsignale der Angst
hat es längst überstanden. Wie
heiter und zäh
ist es am Leben geblieben,
als wäre der Abend, den wir
jetzt einatmen,
nicht allein tödlich.
Und immer kehrt es zurück
zu mir unverletzt,
mein hastiges Herz,
durch alle Lieben, durch
diese offenen Feuer.
Ich werde nicht ärmer.

Ergebnis

Dieses kleine Gebirge
am Herzrand,
diese Schanze, ausreichend
um abzuspringen oder
dahinter unfindbar zu sein,
du trägst sie nicht ab,
meine Fluchtrampe,
mein Versteck,
die Auswege vorgezeichnet
seit je –
du ziehst nur
mit einem Nichts an Bewegung
mir die Tarnkappe weg,
und da stehe ich nackt,
voller Messer
im Fangeisen aller Vergeblichkeit.

Liebe, rückblickend

Das Lot ist gesunken,
es hat das Dunkel berührt
an der Stelle, die meinem Herzen
am nächsten ist –
zehntausend Klafter unter der Welt.

Sternwolken bebten auf,
mein gesprenkelter Salamander
stob aus der Höhle,
Muschelgewinde fielen mir
über die Augen,
der Meerboden kochte.
Eine Synkope lang
hielt mir das Herz an.
Es war nicht mehr zu retten.

Über der Gracht

Wissen wir auch nicht die Stunde,
die uns beiden gehört,
nur: daß vom dunkleren Grunde
dein Mund auf meinem Munde
neue Gezeiten beschwört,
Fluten, die steigen und sinken,
Sterne über der Gracht,
Welten, die uns noch winken –
laß uns Vergessen trinken
tausendundeine Nacht.
Unter den Mitternachtszweigen
atmender Finsternis
sind wir uns tiefer zu eigen
und im verschlungenen Schweigen
keines Todes gewiß.

Notizen

Zuflucht
in einer Sternschneise suchen,
durch deine Augen hindurch,
Niegesagtes vergessen,
diesem vibrierenden Boden
meine Füße entziehen.

Du hast nur
einen Kiesel gelöst:
da stürzte die Herzmauer ein.
Jetzt lieg ich
im Steinbruch der Worte
verschüttet.

Ich ließ dir mein Kleid zurück
aus Sonnengefieder
am Strand unseres Bettes;
erschrick nicht,
wenn du es anrührst:
es ist leichter als Asche –
mein ganzer Besitz.

Leichthin

Wie du
mit einem einzigen Aufblick
das Weltall einbeziehst
in das ungesprochene Wort,
Lichtstreifen schlägst
ins paläolithische Schweigen,
wie du Äonen auslotest
und wiederkehrst mit einem Kiesel,
den du in meinen Herzbrunnen wirfst,
leichthin
und ohne zu wissen:
daß du ein Beben
heraufbeschwörst.

Veränderungen

Die Regentschaft der Sterne
wagtest du außer Kraft zu setzen
und den Mond und Ebbe und Flut.
Den Krähen hast du
ihr weißes Gefieder zurückgegeben,
das ihnen Apollon einst nahm
um seiner Traurigkeit willen.
Und natürlich weiß ich,
daß du es warst, der die Rosen
aufblühen ließ jetzt
mitten im Winter
aus dem Asphalt dieser Stadt.
Denn die Jahreszeiten
hast du ja auch
in Verwirrung gestürzt.
Nicht nur sie.

Begegnung mit einer Hand

Am Ende der Welt,
wo die Mastspitzen der Schiffe
versinken und die Sonne
zweimal täglich die Erde berührt,
daß die Säume der Ozeane in Flammen
aufgehn, am Ende
fand ich die Insel der Seligen.

Anders als das geheiligte Delos
auf seinen diamantenen Säulen,
das vor mir davonschwamm,
streckte sie sich mir entgegen
handtellergroß
über einer Decke aus rotem Damast.
Ich betrat sie mit meinen Augen
und hätte mich gerne schlafengelegt
auf ihr, doch sie bot mir nur Raum
für meine Träume.

Erfahrung

Als Ikaros vor meinen Augen
herabfiel, ein Hilfeschrei
im auseinanderfegenden Nebel,
glaubte ich, daß ich es selbst wär.
Ich fühlte, wie die erschrockene Luft
an mir hochschliff, wie die Spirale
des Himmels mich losließ, und
den Aufprall auf das metallene Meer.

Ich war dir zu nahe gekommen.

Lied

Ach, in der Liebe zu sein und in Träume verschlungen,
flügellos über dem Abgrund und leichter als Licht,
wie überwältigend in deinen Zauber gezwungen
und wie verwandelt vor deinem Gesicht!

Daß nur ein einziges Lächeln von dir eine Lichtung
in mein verdunkeltes Herz schlug – das hast du gewußt?
Ach, in der Liebe zu sein und so nah der Vernichtung,
immer so nah dem Verlust.

1958

Aufbruch

Aufbruch und Sturm. Und der Abschied wird nicht
                              mehr gestundet.
Nie war das Herz so verwaist,
niemals so innig und bis in die Wurzeln verwundet.
Fortgehn – wer sagt, was das heißt!

Nur noch ein Aufblick, und schon sinken schattige
                              Schauer
über dein schmales Gesicht.
Unter dem Schnee deiner Schläfen: verhaltene Trauer,
blutende Leere, Verzicht.

1957

Wie denn

soll ich vergessen,
daß du mich liebtest,
und wie denn
dein Angesicht sternüberströmt,
deine Stimme und
deine Tränen,
und wie denn dein Herz
auf dem meinen?
Es ist ja dein Pulsschlag
noch immer im Raum,
wenn du lange schon fort bist,
und deine Worte,
die nur mit den Augen
geschwiegenen,
überstürzen mich noch,
die beklemmende Leere
des Abends anfüllend
mit Liebe und mit nichts als
nur Liebe.

1958

Im fallenden Laub

Nächte aus Laub. Doch die Rosen blühen noch immer.
Tränen sind schon in den Gürtel Orions gewirkt.
Einsames Herz: wie ein abgeschlossenes Zimmer,
das einen Toten verbirgt.

Abschied, der war und der sein wird. Vergangene Stunden
und die vergehenden unter die Lider gebrannt.
Keinen Abschied vergessen und keinen verwunden.
Träume – Erinnerungsland.

Liebster, ich wäre so gerne bei dir geblieben,
stille zu deinen Füßen wie Schatten und Staub.
Ob nicht die Zeit auf uns wartet, damit wir uns lieben?
Nächte im fallenden Laub –

1959

Partita con fuoco

Memento

Wie leicht,
dein Opfer zu werden, Liebe,
dein Gesicht zu verzeichnen, dir zur Gunst
und mir zum Verhängnis,
den Sextant vor dir aufzustellen
und auszurechnen die neuen
Sternfährten, Gefährten –
abtrünnig zu sein, wie leicht,
und Sonnengeschwader einbrechen zu lassen
in diese Niemandswelt,
die mich vernichten wird morgen,
eh ich bereit bin
zur Flucht.

Judith

Komm zu mir, komm.
Ich schlafe auf einem Messer.
Ich will dir Träume zu essen geben
aus Hagebutten und Fingerhut;
schmecke die stygische Süße,
das barbarische Rot.

Nein, laß uns nicht schlafen
zu dieser Stunde.
Laß uns mit angezogenen Knieen
warten,
ob die Schlange den Kopf hebt.
Wenn wir das Eisen im Nacken spüren,
ist es zu spät.
Komm, ehe der Morgen
die Mündungsfeuer verschluckt.
Aus dem Dorn meines Herzens
will eine Eisblume wachsen.

Gegen Morgen

Den Sonnenstand messen,
oder ist es der Mond,
ermessen,
wieviel Zeit dir noch bleibt
bis zum Tau,
bis die Falkin
aus ihrer Turmgaube schießt
hinab in den Morgenkristall,
in dem du beschlossen bist,
ein Insekt
mit zersplissenen Flügeln.
Und ich befreie dich nicht.

Habe

Von den Kentauren
hab ich die Liebe gelernt
und den Raub
und schneller zu sein
als die Jäger –
und auch:
wie man den Pfeil
aus dem Fleisch löst,
ehe der Muskel erlahmt.
Das hilft mir noch heute,
wo manche der Meinung sind,
ich habe es nicht mehr nötig.
In meinem Alter.

Zufall

Es war Zufall,
daß die Gestirne uns liebten,
und Zufall, daß du
mitten in meines Herzens
Schneeschmelze tauchtest;
die Ufer liefen schon über –
aber es war nur ein Fledermausschrei,
der mir das Blut ritzte,
daß es hinübersprang
in deines.
Es wird Zufall sein,
wenn ich den Spiegeln befehle,
dich liebzuhaben und dein Gesicht
zu streicheln mit meiner Hand,
die schon zu Staub ist.
Glaube nicht an die Ewigkeit!

Schöne Aussicht

Je länger du fort bist,
umso mehr verwildert mir
meine Liebe, plündert
in fremdländischen Gärten
Erkenntnisse, stiehlt den Nachtigallen
die ungeschriebenen Noten und
verweigert dem, was ich Sehnsucht
nannte, die Gefolgschaft
hinab zu den Urnen. Gesetzlos
bin ich geworden, bereit
selbst die Höhle des Polyphem
zu durchstöbern. Ich weiß,
wie man sich rettet.

Wechsel

Eine Weile stromab
und dann herbstlicher uferwärts
und hinaus über das Fluchtland,
den nächsten Strom anvisiert,
die letzte Wunde mit einem Lachen
zugedeckt und kopfunter
zu den Laichplätzen der Lust,
wieder für eine Weile meerzu
und Sinnbilder vertauscht
und Wortschäfte zu Lanzen geschnitzt,
um einen Toten zu treffen,
und wieder landüber, Amphibie,
den zwiegeschwänzten Dagón mitgeschleift
und in die Saturnalien der Liebe geschmettert
und wieder weggetaucht, wieder erneuert,
wieder für eine Weile –

Aschardienstag

Geketzert
im Ansporn des Frühlings,
die Götter vom Sockel gestoßen,
der verletzten Gebote
Unheilbarkeit,
die Masken verbrannt
und Bastarde gezeugt für
eine Flammenminute.
Oh Liebe! Herausforderung!

Immer aufs neue
Gesichter mit Sternen beströmt,
Treue mit Treue gebrochen,
Worte geübt,
Verrat an uns selbst –
bis dann ein einziger Eismorgen
uns anpeitscht
und gewahr werden läßt
dieses Vergehen, schon entrückt
die dionysischen Feuer,
der verdorrten Reben
Tödlichkeit.

Fazit

Eruptionen ausgetauscht,
der Götter Leichtsinn dem eignen
hinzugefügt,
Wiederholung der Liebe
ad libitum,
dem Niemalsgesagten entsagt,
dem Vermächtnis Sprache,
diesem Dorn,
                und dann
nur einen Bruchteil Zweifel
oder Verzweiflung
auf die Waagschale geworfen:
da springt das Zünglein schon ab,
da zerspleißen die Seile,
echsenäugig starrt der Verrat,
eine kalte Grimasse
über keinem Geheimnis.

Spiele

Scheinparadiese,
Schlupfwinkel mänadischer Orgien,
da büßen wir nicht,
da holzen wir ab
was wir liebten,
schnüren uns Giftzähne um den Hals
und rauben das Kleid
der Lilíth;
schlangenhäutig
tanzen wir,
tanzen uns ein
in die Rhythmen der Wollust,
während der Liebe Leichnam,
das Ungeheuer,
in uns verrottet,
Aas,
Aas seit gestern,
seit dem Beginn aller Zeit.

Bilanz

Den Sommer versäumt, Tage
in Bergkristall,
Lichtgeheimnisse, die
sonst dein Lächeln verriet,
Oleanderwogen
unter sterngeäderten Himmeln –
unendlich Versäumtes
für nichts.

Und welch ein Auftritt
vor dieser leeren Kulisse:
das geharnischte Herz,
dieser Gebieter,
der Härte vor Härte setzt
um der Untröstlichkeit willen.

Wieviel verschleuderter Rausch,
wieviel wunde Betäubnis,
bis des Todes Spiegelschrift,
eingekerbt am Grunde der Stunden,
mir deinen Namen heraufruft,
Verlorener.

Erkenntnis

Beschworen Vergangenes
an den Orten der Unschuld,
wo das Schweigen
zur Lüge wird
und Erkenntnis dich anfällt
mit Rattenaugen.
Abgestürzt sind die Gärten,
im Fruchtfleisch den Tod.
Aus einer schwarzen Sonne
schwären die Erinnyen dir zu,
sie werfen das Los
um deinen Geliebten
und richten Scheiterhaufen
dir zum Gedächtnis.
Du hast sie gerufen,
beschworen Verlorenes,
Nieverziehenes,
ein Stäubchen Hölle
am Gaumen.

Erinnerung

Abgenommen haben die Monde
deiner Erinnerung,
gefälschte Werte reihen sich auf
an den Nachtzäunen,
wo deine Träume
mit kahlen Flügeln schlagen,
in den Wind schlagen
was war, Lust und Begehren,
wo der Lemuren Larvengesichter
deine Fluchtlinie kreuzen,
Winterlandschaften aufziehn
und den Kalender verändern,
während du das Stichwort
verfolgst, verscheuchst,
das eine,
das dich zurückriefe,
wenn du nur bereit wärest
für deine Wahrheit.

Liebende

Daß uns der Tod nicht anspringt
während wir lieben,
die Versuchung auszubrechen,
das Treibholz zu ergreifen und
wegzuschwemmen
flutabwärts,
daß die Namen derer,
die wir verrieten
 – Stirn Augen und Hände –
daß uns ihre Schatten nicht schlagen
während wir schlafen,
während wir lieben,
und die heraufdämmernden Schatten jener,
die ihnen folgen werden
und die wir zu opfern bereit sind
schon heute, schon jetzt
in den Armen der anderen Absterbenden,
daß wir nicht, Liebende, selber
zum Opfer werden,
daß wir nicht scheitern
an unserer Unersättlichkeit.
Daß wir nicht scheitern.

# Adagio amoroso

An dich

Setze deinen Fuß
auf die Erde, aus der ich
gemacht bin: Arktis
über der brennenden Flut,
zugeweht von Nächten, die
keinem gehören.
Vulkanisch.
Durchmiß das Weiße,
das nirgends verzeichnet ist,
die niemals betretenen Zonen
unter dem Treibsand,
Weglosigkeit, dornenbewehrt,
meinen kanaanitischen Grund.
Spüre mich auf, hier, wo ich
inniger bin in der sonnenversengten Wildnis,
da will ich dich lieben:
setze deinen Fuß auf mein Herz.

1961

Über dem Hafen von Lindos

Wo uns ein Glanz auffängt,
wenn wir stürzen.
Das Mitternachtsnetz, sterngeknüpft.
Sei getröstet und lasse dich fallen.
Nirgends ist Leere.
Hänge dein Herz an den Sternschweif,
der das Licht Kassiopeias zerteilt.
Wage dich.
Wage noch einmal die Liebe,
diesen Salto mortale,
spring ab,
über die nachtenden Wasser hinweg –
da ist der Himmel gespannt
dir zu Füßen.

Zeitlose Stunde

Bis diese Stunde, der wir bestimmt sind,
uns aufnimmt,
bis diese zeitlose Stunde
uns hundertfältig
vernichtet und heilt
und wieder erschöpft,
bis wir uns ansinken,
Schulter und Herz
über dem Bodenlosen,
bis uns der Strom
hinüberträgt, endlich –
wieviel Raum
zwischen gestern und morgen,
wieviel Vergeblichkeit,
wieviel Vergeben.

Analyse

Sieh mich nicht an
in der Sekunde der Schöpfung,
der Wiedergeburt,
wenn die Fontäne steigt,
Wirbel um Wirbel hinaufschnellt,
leere Ebenen neben sich lassend,
Niemandsländer, Vergessen,
aufjagt, den Atem
vor sich herstoßend
die Erstgeburt schlägt,
die Zweitgeburt – Nichtigkeiten
wie sie zur Seite fallen –
sieh mich nicht an,
wenn die Feuersäule
das Imago der Keuschheit durchschießt –
Glaswände weggesplittert,
der Sehnerv vernichtet,
das Gehör überschwemmt –
die Zone zwischen den Schläfen erreicht,
einen neuen Himmel erschaffend,
Sphäre und Übersphäre,
und ausbricht in Radien
aus meiner Hirnmuschel
in der Sekunde der Lust,
wenn ich Angriff und Opfer zugleich bin,
Liebe und Tod.

Exodus 1967

Also schlage ich deinen Namen
an die Pfosten der Hoffnung,
daß uns der Racheengel,
den wir heraufbeschworen,
nicht anrühre
mit seinem Flammengefieder.
Kein anderer Tod ist uns näher.
Selbst die Abschiede,
die doch immer ein wenig
Tödliches zubereiten
und die wir noch lebenslang
zu bestehen haben,
werden uns leichter sein
als dieser Aufbruch,
der Augenblick,
da wir, Sphärenversprengte,
einen Himmel betreten,
dessen Gesetze wir
nicht vorauszubestimmen wissen,
der uns bewahren kann oder
zermalmen
zwischen den Speichen der Sterne.

So besiegle

was war und was sein wird.
Und mich.
Den Brunnen der Finsternis
und die waffenstarrenden Schluchten,
durch die ich schlafwandle.
Auch sie.
            Aber wie
geriet ich auf einmal, du,
aus der Flugbahn des Sterbens!
Da warst du schon eingetreten
in den innigsten Raum,
da war keine Stelle mehr leer
an den Wänden,
da legtest du mir deine Lichtschnur
ums Herzgelenk,
Zeichen auf Zeichen,
Herr über meine Gezeiten,
über den Anbruch der Ewigkeit,
du, Herzsiegelbewahrer
von nun an und immer.

Wie

Wie lautet die Formel,
der Zeit ein Echo
zu geben, zu verhundertfachen
den Tag und die Nacht;
welche Beschwörung ist
zu erfinden und wo
aufzusagen,
vor welchem Abgrund;
wer fängt uns auf
bei dieser Beschleunigung
mitten im Himmel.

Aus den Gemini

Die Sternbilder pflügst du
beiseite, den Fischen entströmen
Leuchtschuppen in die Locke
der Berenike, durchschwimmen
die Hände von Kastor und Pollux,
durch deren Finger ich schaue
dir nach auf dem Seil der Ekliptik.
Welche Farce, welche astrale
Entführung in Labyrinthe, die
dich minutenlang unsichtbar machen,
während du doch leibhaftig bist
in meinen Armen.

Augenblicke

Wie dein Gesicht sich verwandelt
mir unter den Augen,
Linien, mit Silberstift
auf bräunliche Seide gezeichnet,
welche Bewegung.
Ich streiche mit meinem Zeigefinger
die haarfeine Schraffierung
entlang bis zu den Schläfen.
Deine heitere Traurigkeit
stiebt davon.
Wir halten die Luft an.

So lange

Solange du aus dem Felsen
die Quelle schlägst, Aufruhr
erweckst in den blätternden Zweigen
vor meiner Tür, den Herbstwind
überflügelst und Meere
hochgehen läßt, als gäbe es
keine Ufer, solange
du diese Wunder erneuerst
und unsere Leben zurückspulst,
deines und meines in einer
einzgen Umarmung –
So lange.

Entfernung

Die Entfernung bringt dich
nur näher. Ich spreche
mit deinem Schatten, berühre
ihn, bis er mir deinen Körper
wieder zurückgibt und ich
deine Stirn an der meinen
spüre und sehe, wie
deine Augen für einen Blick
dem Inneren einer Muschel
gleichen, eh sie sich schließen.
Eh die meinen sich schließen
vor deinem Mund.

Nur ein Moment

Mitten im Regengerausch,
im windzerschmetterten Grau
dieses Mittags: ein Innehalten,
plötzlich eine Oase aus Licht
und lautlos, als wär der Natur
aller Atem gestockt. Und ich sitze
leichtsinnig leicht mit nichts
als deinen Worten bekleidet
wie im Schutz einer Taucherglocke,
ganz ohne Welt.

Wer

Wer, wenn nicht du,
wirft mir die Worte zu,
Schlüssel zu Innenwelten,
in denen das Staunen wohnt,
die unverlorene Liebe, als wäre
der erste Schöpfungstag,
in dem du beschlossen warst,
noch unangetastet.

Wer, wenn nicht du,
entdeckt mir die Wege hinab
zu den Bildern und befreit
das gespeicherte Schweigen
aus seinem Verlies.

Wüßte ich

Wüßte ich nur
die Sterngeschwader,
die dein Leben bewahren,
beim Namen zu rufen,
anzuhalten die Sonne
jetzt im Zenit,
zu vertauschen die Meßschnur
der Zeit
mit dem Maß meiner Liebe:
dem Universum verwandt
oder dem, was wir
Ewigkeit nennen.

Unversehrt

Älter sind wir nicht mehr
geworden, seit du die Zeit
in den Händen hältst, unsere Jahre
zum Bogen spannst, daß ich
noch immer bei jedem Wiedersehen
von der Sehne federe bis
in die Protuberanzen der Sonne.
Da wird nicht gefackelt, da
fall ich dir schon wieder zu
durch den berstenden Raum,
unversehrt, wie du siehst,
gegen alle Gesetze.

Dich,

den ich liebe, hab ich
gefangen in meiner Netzhaut.
Da fuhr mir ein Messer
zwischen die Brauen,
da zerbrachen die Spiegel
am Grund, da schrie auf,
was mir den Mund
verschütten will, unsere
Glückseligkeit.

Ich kann die Zerstörung
nicht heilen, aber dein Bild
setz ich zusammen
aus den Scherben, dem Nichts,
Tag und Nacht.

Intermezzo

Federn

Schöne Versuchung,
immer erwischst du mich,
wenn der Himmel ganz
ohne Geigen und im Wolkengestöber
das mene tekel zu sehen ist.
Zu leicht befunden.
Was wird gewogen?
Was wiegt?
Meine zerrupften Federn?
Oder die Feder Liebe?

Absprung

Keine Zeit mehr zum Warten und Hoffen,
diese Jahre sind abgetan;
doch die Fluchtwege immer noch offen
über Länder und Ozean.

Nur ein Sprung ins vulkanische Feuer,
und das Herz noch einmal gestählt!
Bis zum letzten der Abenteuer
sind die Stunden gezählt.

Ohne Segel ins Wogengeschmetter,
fischabwärts im silbrigen Schwarm,
Tritonen zur Seite, die Retter,
und Poseidon im Arm.

Noch einmal ins Bodenlose,
von nichts als mir selber bedroht,
noch einmal die Metamorphose
Liebe und Tod.

Leihgabe

Die Erde über mir
hast du weggeschaufelt,
die Steinplatte mit meinem Namen
gesprengt, meine Augen
freigelegt und die Wurzeln,
die mich gefesselt hielten,
gekappt. Ich lerne
noch einmal das Sehen,
segle durch eine Öffnung
splitternden Lichts, setze mich
an die Spitze des Kranichpfeils,
den du vorbeiziehen läßt
nach Süden, und weiß,
daß diese Freiheit nur
eine Leihgabe ist.

Code

Sag meinem Herzen,
daß es schweigen soll.
Befiehl der Bilderflut, die
deine Augen vertausendfacht
in den meinen,
abzuströmen in die
Salzkavernen der Erde.

Ruf mir den Moloch herauf,
der verschlingt
was unsterblich sein will.

Du kennst das Codewort.
Ich nicht.

Bedenken

Unterworfen welchen Geboten?
Wer verbietet mir,
mich in den Arm eines Kraken
hineinzumogeln, dein Schiff
zum Kentern zu bringen, dich
endlich herunterzuholen in die
Wogen der Aphrodite,
um, erst wenn uns die Luft
ausgeht, eine Rotte Delphine
herbeizupfeifen, damit sie
uns wieder hochbringen, unsere
heimatlose Zweifaltigkeit,
uns abwerfen im Gischt
vor der nächsten Insel. Da
wird es kein Floß geben,
keinen Baum der Erkenntnis.
Und so bald kein Entrinnen.

Vergangenheit

Unsre gelebten Leben
nicht miteinander geteilt,
dieses Weltall Vergangenheit,
das uns hinterrücks
bei einer flüchtigen Geste,
einer Kopfbewegung nur, mit
Totgeglaubtem bewirft,
uns einholt mit Erinnerungen
an die Geschwindigkeit
aufeinanderfolgender Wunder,
als man noch jung war, die
nichtgegebenen Küsse und
die verschwendeten, stern-
überströmt jedes Antlitz,
deines und deines, Rückblenden
in den Schrecken des Wiedersehns,
den Stillstand des Glücks
für die unbestimmbarste Zeit, wie,
wie ist nun zu bestehen
was war.

Welcher Herbst

Warum keine Warnung.
Warum nicht die Schrift an der Wand.
Warum nicht jetzt endlich das,
was mir vertraut war:
der Klagelaut meiner davonziehenden
Vögel, die mir den Winter
überließen, die Mahnung
durchzuhalten. Warum
diese Windstille in den lautlos
niedersegelnden Blättern, als
stünde ich eingeklammert
im Zentrum eines Zyklons. Welcher
Herbst erwartet uns. Welche
Verschwiegenheit.
Wir vergessen, wir vergessen
unter den Küssen des Abschieds,
was Abschiede sind.

Zuweilen

Zuweilen geht die Sonne
im Westen auf, just
über dem Gartentor, selbst bei Nacht,
und die Revieramsel schlägt an,
die Türkentauben beginnen
unruhig zu werden und
sich zu besteigen, als ahnten sie
meinen Pulsschlag, dabei
gibt es doch nichts als
deinen Schritt unter der Buche,
den Halo um deinen Kopf,
später ein Steinchen
gegen mein Fenster.

Blätterhände

Eine einzige Frostnacht,
zu früh für den Herbst, und
die Blätterhände der Esche
fahren wie abgesprengt
durch mein verästeltes Fenster.
In einer von ihnen, die
mir den Schreibtisch verwirrte,
fand ich im Filigran ihrer Adern
eine Verwerfung, darin
eine Lebenslinie, es könnte
die deine sein.
Ich hebe sie auf.

Sonntag

Selbst wenn ichs vermöchte,
mit Lichtgeschwindigkeit
dich zu erreichen, jetzt
im ausgewilderten Herbstspalier
deines Gartens zu landen,
verwundet an allen Gliedern
dir durch die Glastür zu fallen
in den zerscherbelten Sonntag,
ein abgerissnes Geräusch,
das dich aufschauen läßt, und schon
federnd an deinem Hals – ich käme
dennoch um vierzig Jahre zu spät,
zumindest um eine Sekunde.

Veränderung

Langsam richt ich mich ein
unter der blauen Kuppel, die
du gebaut hast für mich,
dein Planetarium
für meine Fluchtversuche,
durchstreife den Kosmos
der Liebe, reiße
die Koordinaten zusammen,
verändre den Neigungswinkel
unserer Jahre, bündle sie
in einen Lichtstrom quer
durch die Galaxien, doch
du kannst unbesorgt sein:
ich verbrenn mir dabei
nicht die Finger.

Nächte

Zufällig, wenn wir uns nachts
traumhaftig berühren und schon
in dieser Berührung zerstäuben,
uns eintauschen in eine andere
Wirklichkeit, dem Gemenidenschwarm
eine Handvoll Meteoriten
nachschicken, ohne daß irgendwer
es gewahr wird, diese Verflechtung
von Asche und Licht, Liebe und
Sterblichkeit: unsre gemeinsamen
Nächte. Getrennt.

Überleben

Nachvollzogen hab ich
den Aufenthalt Jonas im Maul
des prophetischen Wals.
Es ließ sich dort wohnen.
Die Oasen des Orients
schlugen mich mit ihrer Schönheit,
und ich habe es überlebt.
Selbst den Leviathan konnte ich
zähmen und zog ihm die Krallen
einzeln. Aber in dir, der die Summe
meiner Erfahrungen eint,
wohne ich nicht, überlebe ich nicht,
und deinen Körper, den auferstandnen
Gan Eden, laß ich dir
unverletzt.

Ich, Falknerin

Und wärst du mein Falke
und ich verkappte dich, so
bliebest du immer noch
schön: dein Antlitz
mir unter die Lider gestanzt;
und trüge ich dich
auf meiner linken Faust
mit umschlungenen Fängen,
so wärest du immer noch
frei; und nähm ich dir
wieder die Kappe ab und
löste die Schlaufen, so
flögest du auf und hättest
für immer noch meine Sehnsucht
nach dir in den Schnüren
deines Geschühs.

Träume

Noch im Nebel der Träume
dein Lächeln, eine letzte
Handbewegung jenseits des Zauns.
Ich springe dir nach
mit gefesselten Füßen,
ich erreiche dich nie,
wieviele Zäune im Nebel
gestaffelt hintereinander,
meine blutenden Knöchel,
meine blutende Stirn,
ich springe herab von der Mauer,
immer in dieser verschlossenen
Hoffnung,
daß du mich auffangen wirst
am Ende.

Fragen

Woher nimmst du die Kraft,
ein Felsmassiv zu versetzen,
den Hurrikan anzuhalten,
der auf dem Weg zu mir war,
in welcher Geheimsprache
befiehlst du dem Sund
sich zu teilen, mich auszulösen
aus der Gefangenschaft.

Wann wirst du das Feuer,
das uns unverwundbar macht,
aufschießen lassen
zwischen den gegeneinanderdriftenden
Kontinenten? Keine
weiteren Fragen.

Vertraulich

Mein Geliebter bewegt die Wolken
und höhlt mir den Himmel aus
jede Nacht um eine unerwartete
Dimension. Wir vereinbaren
nichts, keine Küsse, Zufälle
lachen wir aus, treffen uns
im Kern einer Nova, in der wir,
ohne dabei zu verbrennen,
hinsinken mit gebundenen Zungen,
leichtfertig und vergeßlich
und jenseits der Geschwätzigkeit
unseres Sterns.

Unter Verschluß

Von deiner Schönheit
schweigen. Den Spiegeln
befehlen, dich festzuhalten
ehe du gehst. Eine Weile,
wie lange, noch eine Weile
die Spange deiner Hüften
– welche Metapher des Hohen Lieds –
in meinen Händen,
deine Mondphasen spüren,
Wachsen und Schwinden,
dein Atem im Rhythmus
der Liebe. Was du mir gibst,
bleibt unter Verschluß.

Finale

Ohne dich

Seit Wochen fährt mein Geliebter
über die Meere und ruft
meinen Trauerstand aus:
die Vereinsamung meiner Worte.
Es hören ihn die Tritonen,
die mir mit ihrem Alphabet
nicht helfen können, die Fische
im wehenden Algenwald, ödäugig
im Gestrüpp der Korallen.
Welche Gleichgültigkeit.
Im Chor der sprachmächtigen Wale
vervielfältigt sich die Botschaft,
ein Echo von Küste zu Küste.
Die Vereinsamung meiner Worte ohne dich.

Vorbote

Für einen Bruchteil der Ewigkeit
warst du mir aus der Welt
gefallen. Zeit genug, zu erfahren,
daß mich das Drachenblut nicht
gepanzert hat gegen den Schmerz,
und daß auch jenseits des Tunnels
die Dunkelheit Dornen trägt. Nichts,
um sich daran zu halten.

Unmaße

Deine Wege zu mir
waren in keiner Zeit
zu messen, wie bist du
zu mir geflogen, die Fänge
gespreizt beim Landen
auf dem zweitobersten Blusenknopf,
wie schnell die Bewegung, wenn
deine Schulter den Mantel
abwarf, eine Pirouette
zu mir, das ganze Zimmer
ein Schwungfedergestöber, was
war es denn? Und was ist es,
das nun die Maße der Wege
verfälscht, die Zeit und
die Lust?

Früher

Früher liebten wir uns
über dem Abgrund, wo anderntags
der Orientexpreß von der Brücke
sprengte; die Wüsten Arabiens
durchrasten wir ohne Kompaß und
kamen doch auf den erkorenen
Gipfel, betraten die Arche,
die keine Planken mehr hatte,
und kreuzten damit übers Meer;
bei der Ankunft im Hafen
der Albatrosse steckte der Frühling
uns an und wir phosphoreszierten
mit den Hinterleibern der Leuchtkäfer
um die Wette; eine einzige
steingemeißelte Quetzalfeder
genügte uns, abzuheben
von dieser Welt. Früher
liebten wir uns.

Aug in Auge

Aug in Auge mit dir
verschwimmt mir das Weltbild,
das mir vertraut war,
Wimpern und Iris allmächtig.

So, Aug in Auge, wolltest du
aufwachen nach einer abgesunkenen
Nacht gottweißwo und sicherlich
in einer sehr rückwärtigen Zeit,
als unsere Fingerspitzen
noch staunen konnten über
die Fremdheit der Nähe, und
Liebe noch etwas anderes war
als Begehren.

Vorsorge

Rechtzeitig habe ich
einbalsamiert, was ich liebte:
damit ich dich eines Nachts,
wenn ich an nichts mehr glaube,
weil alle Wunder verbraucht sind,
wiederfinde, die harzigen Binden
von meinem Gedächtnis löse,
Ambra und Myrrhe noch einmal
erinnere, die Betäubung, wann war das,
als wir uns trennten,
und wieder von Anfang an lerne
zu lieben, was mir
nicht gehört.

Wände

Als ginge es um dein Leben
oder um meines,
bleibt mir der Atem stehn nachts
im Schrecken der Schlaflosigkeit.
Welche Wände
haben sich aufgebaut zwischen uns.
Wo ist ein Durchlaß.
Wie soll das Echo des Echos
die Flugbahn finden,
an die es gewöhnt war,
deinem letzten leichthändigen
Winken entlang.
Wer von uns bringt die Wände
zum Einsturz.

Dieses Schweigen

Daß dein Schweigen in mir
zu schreien beginnt, daß mein Gesicht
abklappt wie eine Maske und
herausstürzt, was dich
herdenken und festhalten will,
daß die Herrschaft des gebändigten
Chaos von Tag zu Tag eher
zu explodieren droht, mein Hals
von einer haardünnen Schlinge
umringelt, mein Kopf
wie eine zweigestrichene Note,
die Wiedergabe des Schreis
deines Schweigens –
wie soll ichs verhindern,
wie soll ichs verbergen.

Abwesenheit

Mit jedem Tag wird mein Haus
größer. Ausgeweidet und bloßgelegt
bis auf das Skelett seiner Wände
zeigt es mir ein entfremdetes
Antlitz. Deine Abwesenheit.
Kein Licht. Keinen Schatten.
Als gäbe es keine Gestirne mehr
ohne dich. Draußen, vor den
aus den Rahmen gesprengten Fenstern
geht dein Name vorbei.

Vorsatz

Die leergebluteten Tage und
die ohne dich totgeborenen –
an jedem Monatsabend kehre ich
sie zusammen, schippe sie
vor meine Tür, ihre weißen Kadaver,
über die ich hinwegsteigen werde
eines übermutigen Morgens,
entschlossen, dieses Haus
zu verlassen, diese Ruine
mit ihren tickenden Uhren
und meinem Gedächtnis.

Unmerklich

Wie leicht fiel es dir, unsere Findung
zur Seite zu stellen, ein Bildnis,
in dem ich vorkam, gefirnißt, als wärs
für die Ewigkeit, und aus dem ich hinausging
durch den längst gespaltenen Rahmen,
ein verfremdetes Stilleben hinter mir
lassend, verlassend die Farben,
Spielereien wie von Watteau. Beinahe
unmerklich verändern sich so
unsere Leben.

Auszug

Abschied genommen
wie im Vorbeigehn, noch schnell
die apokalyptischen Tiere
gefüttert, meine treuliche Meute.
Ich halte mich fest
in der Mähne einer Chimäre,
werfe den Sattel beiseite, um
dieses Wesen wahrhaftiger
zwischen den Schenkeln zu spüren.

Was weißt du von mir.

Mein Auszug aus dem Land
keiner Verheißung vollzieht sich
ohne Geräusch.

Trennung

Gewaltlos und ohne Lärm
hast du die Wortschleusen
geschlossen, die verbotene Flut
zurückgestaut jenseits
der Schweigemauer. Die Lichter
über der künstlichen Landschaft,
vereinzelt aufblinkend,
stammen nicht von den Sternen.
Die Fische sind auf dem Rückzug
ins Meer. Ich mische mich
unter sie. Ohne Kiemen.
Nah am Ersticken.

Was bleibt

Wenn schon nicht dich
vom Wirbel bis zu den Zehen –

einen kleinen Teil deiner
Helligkeit werd ich bewahren,
gerade so viel, daß
die Schattenwände des Morgens
durchlässig werden, eine
Lichttüre aufspringt,
hinter der ich dich sehe:
den Kopf zur Seite
geneigt, regungslos,
ein gerastertes Bild,
eine Epiphanie. Meine Liebe.

Inhalt

Praeludium

Gewißheit 7
Psalm 8
Dieses Herz 9
Ergebnis 10
Liebe, rückblickend 11
Über der Gracht 12
Notizen 13
Leichthin 14
Veränderungen 15
Begegnung mit einer Hand 16
Erfahrung 17
Lied 18
Aufbruch 19
Wie denn 20
Im fallenden Laub 21

Partita con fuoco

Memento 24
Judith 25
Gegen Morgen 26
Habe 27
Zufall 28
Schöne Aussicht 29
Wechsel 30
Ascherdienstag 31
Fazit 32
Spiele 33
Bilanz 34

Erkenntnis 35
Erinnerung 36
Liebende 37

Adagio amoroso

An dich 40
Über dem Hafen von Lindos 41
Zeitlose Stunde 42
Analyse 43
Exodus 1967 44
So besiegle 45
Wie 46
Aus den Gemini 47
Augenblicke 48
So lange 49
Entfernung 50
Nur ein Moment 51
Wer 52
Wüßte ich 53
Unversehrt 54
Dich 55

Intermezzo

Federn 58
Absprung 59
Leihgabe 60
Code 61
Bedenken 62
Vergangenheit 63
Welcher Herbst 64
Zuweilen 65

Blätterhände 66
Sonntag 67
Veränderung 68
Nächte 69
Überleben 70
Ich, Falknerin 71
Träume 72
Fragen 73
Vertraulich 74
Unter Verschluß 75

Finale

Ohne dich 78
Vorbote 79
Unmaße 80
Früher 81
Aug in Auge 82
Vorsorge 83
Wände 84
Dieses Schweigen 85
Abwesenheit 86
Vorsatz 87
Unmerklich 88
Auszug 89
Trennung 90
Was bleibt 91

Originalausgabe

Auswahl und Zusammenstellung der Gedichte
erfolgte durch die Autorin aus ihren
im Rimbaud Verlag erschienenen Einzelbänden

Die Deutsche Bibliothek

Ein Titeldatensatz für diese Publikation
ist bei der Deutschen Bibliothek erhältlich

Alle Rechte vorbehalten
© 2001 Rimbaud Verlagsgesellschaft mbH
Postfach 86, D-52001 Aachen
Titel und Satz: Walter Hörner, Aachen
Schrift: Stempel Garamond
Säurefreies Papier
Printed in Germany
ISBN 3-89086-778-2
www.rimbaud.de